4B: QUANDO AS MULHERES DISSERAM NÃO

Gustavo Santos

Amazon

PREFÁCIO

Vivemos em tempos de polarização. Homens e mulheres, em vez de se unirem para enfrentar os desafios de uma sociedade em constante mudança, parecem estar se afastando cada vez mais. Durante minhas observações, comecei a perceber que, enquanto alguns movimentos defendem a separação como solução, outros buscam radicalizar ainda mais a exclusão do outro. Foi isso que me levou a escrever este livro.

O 4B, o MGTOW e outros movimentos separatistas não são apenas tendências passageiras; eles são sintomas de algo muito maior. Eles refletem as frustrações, os traumas e a pressão de um mundo que parece ter se tornado complicado demais para os relacionamentos tradicionais. Mas será que essas soluções radicais podem realmente criar um futuro melhor? Ou estamos caminhando para uma sociedade mais fria e isolada?

Este livro é uma tentativa de entender esses movimentos – suas motivações, suas contradições e suas consequências. Mas, acima de tudo, é um convite à reflexão. O que estamos aprendendo sobre nós mesmos, como indivíduos e como sociedade, ao testemunhar essas mudanças? E, mais importante, para onde vamos a partir daqui?

Espero que esta obra não seja apenas um relato sobre os desafios dos nossos tempos, mas também uma oportunidade de pensar sobre como podemos encontrar novas formas de nos conectarmos – com nós mesmos, com o outro e com o futuro.

INTRODUÇÃO: "NÃO, NÃO, NÃO E NÃO. E AGORA?"

A Coreia do Sul já era conhecida por seu K-pop, seus dramas e seu skincare impecável, mas ninguém esperava que ela fosse criar um movimento que declarasse guerra à própria biologia. Sem casamento. Sem filhos. Sem namoro. Sem sexo. O 4B não é apenas um manifesto contra o patriarcado; é um grande "não" para qualquer coisa que envolva homens. E, sejamos honestos, não existe outra sociedade no mundo que tenha dito tantos "não" com tamanha verdade.

Mas será que um "não" tão absoluto pode construir algo positivo? Ou será que, na tentativa de destruição das estruturas opressivas de uma sociedade patriarcal, o movimento 4B está, na verdade, jogando fora como bases de sustentação de qualquer sociedade? Afinal, o maior poder que uma mulher tem não está no seu grito de rebeldia, mas em sua capacidade de moldar o futuro — literalmente, gerando vidas.

Mas o que acontece quando as mulheres decidem fechar as "fábricas"? Quando dizem que não querem se casar, ter filhos, ou sequer se envolvem em qualquer tipo de relacionamento com homens? Bom, é exatamente isso que veremos ao longo deste livro.

O movimento 4B é, sem dúvida, um reflexo de tempos em que as mulheres estão mais conscientes dos papéis sociais que impõem impostos. Mas, ao mesmo tempo, ele levanta uma questão desconfortável: o que acontece quando a luta pela igualdade se transforma em um separatismo radical? Estamos caminhando para um mundo onde os gêneros vivem como ilhas isoladas? Ou será que o 4B não passa de mais um grito desesperado, uma tentativa de se fazer ouvir em uma sociedade que nunca quis ouvir?

Enquanto buscamos entender o "porquê" desse movimento, também precisaremos explorar suas contradições. Porque, se o 4B é um grande "não" aos homens, talvez ele seja preciso de um grande "sim" para algo mais. O problema é que, até agora, ninguém sabe exatamente o que é esse algo.

4B: QUANDO AS MULHERES DISSERAM NÃO

Gustavo Santos

01

Uma Revolução em um País de Alta Pressão

"Se existe um lugar onde a frase 'solteira e feliz' pode soar como um ato de rebeldia, esse lugar é a Coreia do Sul. Quando você tem que equilibrar maquiagem impecável, um chefe machista e um mercado imobiliário que só funciona para quem não dorme, o casamento com um vibrador começa a parecer bastante lógico."

O que é o Movimento 4B?

O movimento 4B, ou "Quatro Nãos", nasceu na Coreia do Sul como uma ocorrência radical contra uma sociedade sufocante que parece não oferecer alternativas para as mulheres além da submissão às expectativas patriarcais. É uma revolução silenciosa, mas contundente, onde as mulheres sul-coreanas dizem "não" a quatro pilares da vida tradicional que têm definido o papel feminino no país por gerações: não ao casamento (Bihon), não ao namoro (Biyeonae), não ao parto (Bichulsan) e não ao sexo com homens (Bisekseu).

Esse movimento é tanto uma negação quanto uma afirmação. Por um lado, ele rejeita o modelo de vida imposto pela sociedade, onde as mulheres devem se casar cedo, sacrificar suas carreiras para criar filhos e cumprir padrões de beleza inatingíveis. Por outro lado, o 4B é uma afirmação de autonomia feminina – o direito de escolher viver uma vida que não gire em torno de homens, relacionamentos ou famílias.

As raízes do movimento

O 4B surgiu por volta de 2015 ou 2016, em um contexto de crescente ativismo feminista online na Coreia do Sul. O país é uma das economias mais avançadas do mundo, mas mantém desigualdades de gênero gritantes que estão profundamente enraizadas na cultura. As mulheres sul-coreanas enfrentam uma maior disparidade salarial entre os países da OCDE, com ganhos que são em média um terço menores do que os dos homens. Além disso, a representação feminina em cargas de liderança é insignificante, e as mulheres frequentemente enfrentam discriminação no local de trabalho, sem mencionar as expectativas sociais esmagadoras de beleza e comportamento.

Esse ambiente de alta pressão foi exacerbado por eventos de grande repercussão que chocaram o país e galvanizaram o feminismo. Entre eles, o assassinato de uma mulher perto da estação de metrô Gangnam, em 2016, por um homem que declarou ter traição o crime porque mulheres o ignoravam. O caso desencadeou protestos massivos e debates sobre feminicídio, violência contra mulheres e misoginia sistêmica. Além disso, escândalos digitais envolvendo crimes sexuais, como pornografia de vingança, câmeras escondidas em banheiros públicos e, mais recentemente, pornografia deepfake gerada por inteligência artificial, reforçaram a sensação de que a segurança e a dignidade das mulheres estavam constantemente sob ataque.

Foi nesse caldeirão de injustiças que o movimento 4B encontrou solo fértil. Ele é, em essência, um ato de resistência, um grito de "basta". Ele rejeita o modelo de mulher idealizado na Coreia do Sul – a esposa obediente, a mãe sacrificada, a jovem eternamente bela e submissa. Ao invés disso, as mulheres do 4B optam por se retirar completamente do jogo: "Se as regras são feitas para nos oprimir, então não vamos jogar."

O que o 4B significa na prática?

1. Não ao casamento (Bihon):

Na Coreia do Sul, o casamento muitas vezes vem acompanhado de um fardo desproporcional para as mulheres.

Eles não são apenas esperados para prolongar ou desacelerar suas carreiras, mas também assumem a maior parte do trabalho doméstico e da criação dos filhos. Além disso, a pressão para cumprir as expectativas das famílias dos maridos é esmagadora. Dizer "não" ao casamento no contexto sul-coreano é um ato de liberação de um sistema que as transforma em cuidadoras e esposas antes de qualquer outra coisa.

2. Não ao namoro (Biyeonae):

O namoro, que em muitas culturas é visto como algo divertido e romântico, é frequentemente uma extensão das dinâmicas patriarcais na Coreia do Sul. As mulheres enfrentam expectativas de submissão nos relacionamentos e muitas vezes precisam atender às necessidades emocionais e financeiras de seus parceiros. Para os adeptos do 4B, dizer "não" ao namoro é recusa ser um "terapeuta grátis" ou "banco emocional" para os homens.

3. Não ao parto (Bichulsan):

Com a taxa de natalidade da Coreia do Sul já em 0,72 filhos por mulher , a menor do mundo, o 4B leva essa incluída ainda mais longe. Muitas mulheres acreditam que trazer crianças para um mundo onde elas serão criadas em um sistema desigual e opressivo é uma responsabilidade que não estão dispostas a assumir. Essa declaração também é um repúdio à pressão da sociedade coreana para que as mulheres se tornem mães, sacrificando sua autonomia.

4. Não ao sexo com homens (Bisekseu):

Essa talvez seja a parte mais radical do 4B, pois vai além das escolhas sociais e econômicas e entra no campo da intimidação. Para as mulheres do movimento, o sexo com homens é visto como outra forma de opressão patriarcal, onde o prazer masculino é priorizado às custas do bem-estar feminino. Muitas mulheres do 4B optam pelo celibato ou buscam alternativas dentro da comunidade queer.

Por que o 4B é tão polêmico?

Embora o movimento 4B tenha obtido apoio entre as mulheres jovens da Coreia do Sul, ele também fez fortes críticas e resistência. Para alguns, o 4B é visto como um movimento separatista extremo que reforça divisões de gênero em vez de buscar igualdade. Homens jovens, em particular, se sentiram atacados, com muitos acusando o 4B de ser um movimento de ódio contra os homens.

Dentro da Coreia do Sul, o feminismo já carrega uma conotação negativa, em parte devido a movimentos como o 4B. A palavra "feminista" passou a ser usada quase como um insulto, e mulheres que se identificam publicamente como feministas enfrentam retaliações tanto online quanto offline. Algumas mulheres optam por praticar o que os acadêmicos chamam de "feminismo silencioso" – abraçando as ideias feministas em suas vidas pessoais, mas evitando declarações públicas de apoio ao movimento.

O 4B no contexto global

Apesar de ser um movimento originalmente coreano, o 4B começou a chamar a atenção da Coreia do Sul, especialmente após a vitória de Donald Trump nas eleições presidenciais dos Estados Unidos. Mulheres americanas e de outras partes do mundo começaram a discutir a ideia de boicotar relacionamentos com homens como uma forma de resistência política. Embora o movimento seja frequentemente romantizado como um "feminismo revolucionário", ele também levanta questões sérias sobre os custos e as consequências de sua abordagem radical.

O movimento 4B é, sem dúvida, um reflexo poderoso de um mundo onde muitas mulheres sentem que não têm outra escolha a não ser dizer "não". Mas permanece a questão: o que acontece depois de tanto "não"? Será que o 4B pode realmente oferecer uma alternativa viável para as mulheres? Ou será que a sua proposta é apenas uma ocorrência extrema que pode gerar ainda mais divisões? Ao longo deste livro, exploraremos as respostas para essas perguntas.

02

Os paradoxos do 4B: "Rejeitar o patriarcado (e tudo mais)"

O movimento 4B se apresenta como uma ruptura radical com o patriarcado, mas, como qualquer movimento que adote uma postura absolutista, ele não está isento de contradições. Afinal, ao rejeitar não só os homens, mas também os sistemas e estruturas com os quais eles estão intimamente ligados, o 4B acaba tropeçando em seus próprios argumentos. É um movimento que se recusa a "jogar o jogo", mas ainda depende do tabuleiro e das peças para existir. Vamos explorar algumas dessas contradições:

1. O isolamento como preço: "E depois do não?"

Um dos grandes problemas de movimentos como o 4B é que, ao colocar a descartado no centro de sua narrativa, ele acaba ignorando as consequências a longo prazo. É fácil celebrar a liberdade conquistada ao recusar o casamento, filhos e relacionamentos no presente, mas o que acontece no futuro? Quem estará ao lado dessas mulheres quando o brilho da independência radical der lugar à solidão?

Veja, você conseguiu evitar os homens. Não tive filhos. Não se casou. Mas a que preço? No fim da vida, o isolamento pode ser inovador. Não é que todas as pessoas que escolhem esse caminho terminem solitárias, mas o risco é maior quando você rejeita as relações humanas em geral – sejam elas amorosas, familiares ou até comunitárias.

E o mais irônico é que o movimento parece se contradizer justamente aqui: se a ideia é resistir ao patriarcado, por que não tentar mudar as dinâmicas dentro dos relacionamentos em vez de descartá-los completamente? Rejeitar o sistema não significa que ele irá desaparecer. Pensar a longo prazo pode parecer "besteira" para alguns, mas ignorar o futuro não o torna menos real.

2. A exclusão de mulheres queer e trans: "Quem é mulher o suficiente?"

Outra contradição relevante dentro do 4B é sua visão restritiva sobre quem pode ou não fazer parte do movimento. A famosa frase de Simone de Beauvoir, "Não se nasce mulher, torna-se mulher", deveria ser um mantra para qualquer movimento feminista inclusivo. No entanto, o 4B parece adotar uma abordagem biológica e essencialista ao focar em mulheres com útero – já que, teoricamente, podem "fechar a fábrica". Mas e as mulheres trans? Elas não têm o mesmo direito de se unirem ao movimento?

Se o 4B considera apenas mulheres cisgêneras, ele não estaria praticando transfobia? E mesmo que mulheres trans sejam aceitas no movimento, surge outra questão: uma mulher que adere ao 4B poderia se relacionar com uma mulher trans que possui características masculinas (como genitália)? Ou isso seria visto como uma traição aos seus próprios princípios?

Essas perguntas expõem o problema de movimentos radicais que não acomodam a diversidade. O que deveria ser uma exclusão ao patriarcado acaba soando como uma imposição de novas regras de exclusão, desta vez dentro do próprio feminismo.

3. Dependência do patriarcado: "Quem paga o Wi-Fi?"

Talvez a maior contradição do 4B seja sua dependência inescapável das estruturas criadas pelos homens – as mesmas que o movimento tenta rejeitar. Embora as mulheres do 4B neguem relacionamentos heterossexuais, casamento e filhos, elas ainda vivem em um mundo construído e fechado, em grande parte, por homens. Empresas dominadas por homens pagam sua evolução. Apartamentos projetados e construídos por homens oferecem seus lares. Infraestruturas como energia elétrica, internet e transporte, focadas predominantemente para homens ao longo da história, sustentam suas vidas modernas.

O movimento é rápido em apontar as falhas do patriarcado, mas depende desse sistema para existir. O que aconteceu se – e é um grande se – o patriarcado realmente "desmoronar"? Quem garantirá o funcionamento básico da sociedade nesse cenário? Talvez o 4B precise adicionar um quinto "B" ao seu nome: um "plano B" para quando as coisas não saírem como o esperado.

4. A ilusão do colapso: "Spoiler: ele não vai acontecer"

Um dos pilares ideológicos do 4B parece ser a ideia de que o patriarcado pode ser derrotado através de rejeições individuais e coletivas. Mas a realidade é bem mais complexa. O patriarcado não é apenas um "clube de homens"; é uma estrutura profundamente enraizada em todas as instituições sociais, econômicas e políticas. Ele não vai simplesmente "desmoronar" porque um grupo de mulheres escolhe não participar do sistema.

Aliás, enquanto o 4B tenta derrubar o patriarcado dizendo "não" a tudo, movimentos como os Passport Boys (homens que procuram parceiras em outros países) mostram que existe um contingente masculino disposto a encontrar alternativas em outros lugares. A sociedade não colapsa; ela simplesmente encontra outras formas de perpetuar suas dinâmicas.

Um paradoxo em si mesmo

O 4B é um movimento que se apresenta como libertador, mas suas contradições revelam um certo aprisionamento ideológico. Ele rejeita homens, mas depende deles. Ele prega liberdade, mas cria novas exclusões. Ele visa destruir o patriarcado, mas oferece poucas alternativas práticas para substituí-lo. No final das contas, o 4B pode ser um grito de resistência poderoso, mas também corre o risco de se tornar uma bolha ideológica que não dialoga com a realidade.

03

Impacto Social e Demográfico: "O Preço de Dizer 'Não'"

O Movimento 4B surge como um grito de independência feminina, mas, ao rejeitar casamento e filhos, ele coloca a Coreia do Sul em um caminho ainda mais perigoso no que diz respeito ao equilíbrio demográfico e à sustentabilidade econômica. Um país que já enfrentou uma das menores taxas de natalidade do mundo agora se depara com um movimento que parece, no mínimo, dizer "não vamos ajudar a resolver isso". O resultado? Um futuro onde os idosos superam os jovens em proporções alarmantes, enquanto a base econômica da sociedade – composta principalmente por trabalhadores ativos – encolhe de forma irreversível.

Com uma taxa de natalidade de 0,72 filhos por mulher , a Coreia do Sul ocupa o título indesejável de menor índice de fertilidade do planeta. Para se ter uma ideia, o número necessário para manter uma população estável é 2,1 filhos por mulher. Isso significa que a população coreana não está apenas atrapalhando; ela está encolhendo em um ritmo acelerado. O 4B, com seu boicote declarado ao casamento, sexo e filhos, é mais gasolina em uma fogueira já fora de controle.

"Por que ter filhos quando você pode usar o dinheiro da creche para comprar mais vibradores e cremes antienvelhecimento?" Pode parecer uma escolha prática no curto prazo, mas levanta uma questão desconfortável: quem vai cuidar da geração do 4B quando elas atingirem os 80 anos e precisarem de alguém para trocar suas fraldas? O Estado, governado por homens, assumirá essa responsabilidade? Ou será que os mesmos homens rejeitados e

criticados serão os que sustentarão, por meio de seus impostos e trabalho, as aposentadorias dessas mulheres?

1. O Envelhecimento Populacional e a Falta de Jovens

O envelhecimento populacional é um dos maiores desafios demográficos da Coreia do Sul. Em 2023, a proporção de idosos (pessoas com mais de 65 anos) ultrapassou 17,5% da população, e as projeções indicam que esse número pode chegar a 40% até 2060. Enquanto isso, a população em idade produtiva (entre 15 e 15 anos) 64 anos) está atrapalhando a cada ano, criando uma lacuna gigante no mercado de trabalho.

O 4B agrava essa crise ao retirar ainda mais mulheres do "jogo" reprodutivo. Cada mulher que opta por não ter filhos é, teoricamente, uma contribuição a menos para a próxima geração. Isso significa menos trabalhadores para sustentar o sistema de previdência social, menos consumidores para manter a economia girando e menos cuidadores para uma população idosa crescente.

E esse problema não afeta apenas a Coreia do Sul. Países como Japão, Itália e Alemanha enfrentam crises semelhantes devido à baixa natalidade, mas esses países, ao menos, têm políticas que incentivam a maternidade, como creches gratuitas e licenças-maternidade generosas. Na Coreia do Sul, porém, o Estado ainda não conseguiu criar um ambiente favorável para que as mulheres conciliem carreira e família. O resultado é o que vemos: muitas mulheres simplesmente desistem da maternidade – e agora, com o 4B, a ideia de ter relacionamentos.

2. O Custo Econômico do "Não"

O impacto econômico de uma população em declínio é devastador. Com menos jovens entrando no mercado de trabalho, há menos pessoas para pagar impostos, sustentar sistemas públicos de saúde e previdência e manter a economia em crescimento. A Coreia do Sul, que já enfrentou problemas como um mercado imobiliário inacessível e uma concorrência extrema no setor educacional, terá dificuldades ainda maiores para sustentar uma população idosa cada vez maior.

Imagine o cenário: enquanto a geração do 4B aproveita sua liberdade individual sem filhos ou maridos, o Estado precisará aumentar os impostos para financiar os custos crescentes de saúde e aposentadoria. Mas, com uma força de trabalho reduzida, quem pagará essa conta? Esse dilema não é apenas um problema econômico; é uma bomba-relógio social.

E aqui está outra ironia: o próprio sistema patriarcal que o 4B rejeita provavelmente será o responsável por manter essas mulheres na velhice. Afinal, os homens que continuam trabalhando e contribuindo para a economia serão os que, involuntariamente, ajudarão a sustentar o Estado que cuidará das mulheres do 4B quando elas não puderem mais cuidar de si mesmas.

3. Solidão e Crise do Cuidado

Outro ponto que merece destaque é a questão da solidão e do cuidado na velhice. No contexto coreano, é comum que os filhos assumam o papel de cuidadores de seus pais idosos, especialmente em uma sociedade onde os laços familiares ainda são valorizados. No entanto, o movimento 4B rompe esse ciclo ao incentivar mulheres a não terem filhos. E se os filhos não existem, quem preencherá essa lacuna?

A solidão já é um problema grave entre os idosos na Coreia do Sul, que tem uma das taxas mais altas de suicídio na terceira idade. Para as mulheres do 4B, que rejeitam não apenas filhos, mas também relacionamentos amorosos, o futuro pode trazer um isolamento ainda mais profundo. Eles podem ter evitado as pressões de um casamento tradicional, mas a ausência de uma rede de apoio – seja ela composta por filhos, parceiros ou familiares – é um preço alto a pagar.

4. A Contradição Entre Liberdade Individual e Coletiva

Um dos maiores paradoxos do 4B é que, ao priorizar a liberdade individual, ele ignora as necessidades coletivas de uma sociedade. Em uma escala individual, optar por não ter filhos, não se casar ou não namorar pode ser libertador. Mas, em uma escala social, essa escolha em massa cria problemas estruturais que afetam a todos. A Coreia do Sul já enfrentou um futuro incerto devido à baixa natalidade e ao envelhecimento populacional, e movimentos como o 4B apenas aceleraram essa crise.

E aqui surge uma pergunta importante: até que ponto a liberdade individual pode ser defendida sem considerar o impacto coletivo? Será que o 4B, ao rejeitar completamente o sistema, não está jogando para o equilíbrio necessário entre o pessoal e o social?

Encerrando a Discussão sobre a Coreia

O movimento 4B é, sem dúvida, um reflexo das frustrações legítimas das mulheres sul-coreanas. Ele surge em um país onde as mulheres foram historicamente marginalizadas e onde o casamento e a maternidade ainda são vistos como obrigações, e não escolhas. Mas, ao colocar o "não" no centro de sua mensagem, o 4B ignora o preço a longo prazo – tanto para as mulheres quanto para a sociedade como um todo.

Com isso, encerramos nossa análise sobre o impacto do 4B na Coreia do Sul. No próximo capítulo, vamos expandir nossa visão para abordar como esses debates estão se debatendo em outras partes do mundo. Afinal, o preço de dizer "não" pode fazer sentido em qualquer lugar.

04

Reações Globais: "O Efeito Borboleta (ou Passaporte)"

Certa vez, fui comprar frutas, mas a loja estava fechada. Ficar sem frutas? Jamais. Fui em outro sacolão. Essa analogia, simples como parece, ilustra perfeitamente o espírito do movimento "Passport Boys". Quando os homens não conseguem encontrar parceiras em suas cidades ou países, eles não ficam esperando ou lamentando. Eles simplesmente fazem as malas e vão buscar o que procuram em outro lugar.

Embora o movimento 4B seja um público feminino e centrado na inclusão dos homens, ele provocou uma resposta masculina que, de forma irônica, também funciona como uma exclusão – mas neste caso, não à ideia de relacionamentos em si, e sim às dinâmicas locais que os homens julgam insatisfatórios. Surge, assim, o movimento dos "Passport Boys".

O que são os "Passport Boys"?

O movimento "Passport Boys" (ou "Men Going Abroad") não é um movimento organizado, no sentido tradicional da palavra. Não há líderes, manifestos ou hashtags bem estruturados. Ele surgiu de forma orgânica, como uma tendência de homens que, frustrados com as dificuldades de encontrar parceiras em seus próprios países, cruzaram fronteiras em busca de relacionamentos.

Na prática, esses homens viajam para países onde acreditam que as mulheres são mais abertas a dinâmicas de relacionamento que elas consideram "tradicionais". Enquanto alguns criticam os "Passport Boys" como promotores de turismo sexual ou relações desiguais, outros defendem que eles estão simplesmente buscando o que não conseguem encontrar em seus ambientes locais.

É curioso que o "Passport Boys" não nasceu exatamente como uma resposta direta ao 4B, mas há uma conexão simbiótica. Em países onde o feminismo radical ou movimentos separatistas como o 4B ganham força, muitos homens percebem que suas chances de estabelecer um relacionamento esmagador diminuem. Isso os leva a buscar parceiras em culturas onde, segundo sua visão, ainda exista uma valorização maior das relações tradicionais. É a globalização dos relacionamentos – ou, como alguns críticos chamam, o "mercado internacional do afeto".

O coreano no Brasil e a globalização dos relacionamentos

Como exemplo, podemos mencionar o caso do coreano que passa para o interior do Ceará, no Brasil, após conhecer uma parceira pela internet. Esse homem, que nunca havia beijado uma mulher aos 29 anos, decidiu romper com as barreiras culturais e geográficas para buscar um relacionamento em terras brasileiras. Esse tipo de história, embora individual, represente uma tendência maior: homens de países como Coreia do Sul, Japão e Estados Unidos, onde as dinâmicas de relacionamento estão se tornando cada vez mais complexas, optam por procurar parceiros em lugares como Brasil, Filipinas e Tailândia.

O que motiva esses homens? Não é apenas a possibilidade de encontrar parceiras "mais receptivas", mas também uma informação implícita às expectativas e padrões impostos pelas mulheres em seus próprios países. Para eles, é mais fácil atravessar oceanos do que navegar pelas complexas questões sociais que parecem ser impostas a eles.

Radicalismos que se conectam: Feminismo e "Passport Boys"

É interessante observar como os movimentos femininos e masculinos radicais estão se conectando globalmente de maneiras inesperadas. O 4B e os "Passport Boys" parecem ser ideológicos opostos, mas unem um traço em comum: ambos são formas de rejeitar o sistema atual de relacionamentos. Enquanto as mulheres do 4B dizem "não" ao casamento, filhos e relacionamentos com homens, os homens do "Passport Boys" dizem "não" às mulheres de suas culturas. O que ambos os movimentos têm em comum é a recusa em jogar pelas regras tradicionais.

Mas aqui está uma ironia: o radicalismo de um movimento alimenta o radicalismo do outro. O 4B, ao criar um ambiente de separatismo, pode ter acelerado o crescimento do "Passport Boys". Da mesma forma, a existência dos "Passport Boys" reforça a narrativa de algumas feministas radicais de que os homens são incapazes de construir relacionamentos equilibrados, perpetuando um ciclo de polarização.

E isso nos leva a uma reflexão importante: até que ponto esses movimentos realmente resolvem os problemas que pretendem enfrentar? Ou será que, ao invés de oferecerem soluções, eles simplesmente criarão novas formas de fuga?

O preço da globalização dos relacionamentos

Enquanto algumas mulheres do 4B queimam sutiãs e cortam laços com os homens, muitos homens estão simplesmente queimando milhas aéreas e pegando voos para lugares onde acredito que serão mais valorizados. Para eles, o passaporte se tornou mais do que um documento de viagem – é uma ferramenta de liberdade emocional.

Mas será que essa busca por relacionamentos em outros países é realmente sustentável? Um relacionamento baseado em diferenças culturais tão profundas pode resistir à pressão da realidade? Ou será que muitos desses homens estão, na verdade, perpetuando dinâmicas de poder desiguais em lugares onde a diferença de status econômico e social favorece? Afinal, uma parceira "sorridente" e uma "caipirinha" podem ser apenas a ponta do iceberg de um problema mais complexo, que envolve desigualdades estruturais entre nações e gêneros.

A globalização do afeto ou a fuga global?

Os "Passport Boys" são, em essência, um sintoma de uma era em que os relacionamentos estão sendo moldados por forças globais. Assim como o 4B representa uma exclusão radical dos homens, os "Passport Boys" representam uma exclusão radical das dinâmicas locais de relacionamento. Mas, em ambos os casos, o que falta é um diálogo. E enquanto esses movimentos continuam se fortalecendo, a polarização entre os gêneros parece crescer de forma significativa.

No final, talvez o "efeito borboleta" desses movimentos seja muito maior do que imaginamos. O 4B, ao rejeitar os homens, desencadeia movimentos como o "Passport Boys", que, por sua vez, muda a dinâmica dos relacionamentos globais. A pergunta que fica é: estamos criando um mundo onde os gêneros não se entendem mais, ou apenas um onde aprendemos a conviver em sistemas completamente separados?

05

O Futuro dos Relacionamentos: "Trepar ou Não Trepar?"

O separatismo de gênero, representado por movimentos como o 4B, levanta questões sérias sobre como os relacionamentos – e até a própria sexualidade – podem ser moldados no futuro. Mas sejamos francos: a natureza humana tem suas próprias leis, e a biologia nem sempre segue as normas ou ideologias que tentamos impor a ela. Por mais que os movimentos radicais promovam a ideia de rejeitar relacionamentos ou a sexualidade como um todo, a energia sexual precisa encontrar um caminho. É impossível sufocar algo tão intrínseco ao ser humano por tempo indeterminado.

1. A biologia não tira folga: o dilema da "coceira" e da "proteína"

Por mais que movimentos como o 4B preguem o afastamento das mulheres em relação aos homens, é evidente que a sexualidade – esse instinto tão fundamental – se manifesta em algum momento. Uma amiga minha comentou que, durante um período em que tentou ficar longes dos relacionamentos, simplesmente não conseguia resistir por muito tempo. Ela descreveu essa experiência como uma "coceira" incômoda, uma necessidade que levou de volta ao mundo dos relacionamentos. Afinal, somos seres biológicos antes de sermos ideológicos.

Se até mesmo religiosos – pessoas que dedicam suas vidas a uma fé que prega castidade – enfrentam dificuldades em controlar seus impulsos, o que dizem de movimentos como o 4B, que dependem de disciplina pessoal e ideológica para serem sustentados por anos ou décadas? Ser casto por um longo período exige algo que nem todos sejam sustentados. Uma hora ou outra, a "energia sexual" encontra um caminho para se expressar, seja por meio de relacionamentos, tecnologia ou até soluções mais inusitadas.

2. Vibradores, sex shops e o "calor humano" insubstituível

A indústria de produtos sexuais, como vibradores e acessórios de sex shop, pode oferecer uma alternativa para mulheres que rejeitam homens, mas ainda desejam satisfazer suas necessidades físicas. E, de fato, essa indústria está em crescimento. No entanto, será que um aparelho – por mais sofisticado que seja – pode substituir completamente a experiência de intimidação humana? Não se trata apenas de prazer físico, mas também do calor humano, da conexão emocional e da reciprocidade que são características únicas dos relacionamentos entre pessoas.

Claro, vibradores podem ser uma solução temporária ou prática. Mas, para muitas mulheres, especialmente aquelas que aderem ao movimento 4B por "efeito manada", o afastamento dos homens pode ser uma fase passageira. Afinal, a necessidade de conexão humana é tão fundamental quanto a necessidade de sexo. No fim das contas, o "mercado do amor" – por mais que seja evitado ou rejeitado – sempre encontra um jeito de se reinventar.

3. O efeito gringo: o francês e o brasileiro "gentleman"

Mesmo que o 4B tente promover uma ruptura definitiva com os homens, a realidade é que muitos relacionamentos acabam acontecendo de forma inesperada – e até internacional. É curioso observar como a globalização também afeta os relacionamentos. Imagine uma cena típica: uma mulher adepta do 4B está em um bar, aproveitando sua liberdade recém-descoberta, até que um "cavalheiro" estrangeiro chega e aborda com um sotaque charmoso. "You are so beautiful", ele diz, com a especialidade de um francês ou a descontração de um brasileiro. Pode parecer uma comédia romântica, mas é algo que realmente acontece.

A verdade é que, mesmo num mundo de separatismo, a

curiosidade e o desejo são forças poderosas. Não é raro ouvir histórias de mulheres que, apesar de aderirem inicialmente ao 4B, acabam se envolvendo em relacionamentos interculturais, muitas vezes motivadas pela ideia de que um parceiro de outra nacionalidade pode ser "diferente" dos homens que elas rejeitaram em seu país de origem . O que se mantém constante é a busca por conexão – mesmo que isso signifique atravessar fronteiras, físicas ou emocionais.

4. Crianças sem pais e o futuro dos laços familiares

Um dos maiores desafios do separatismo de gênero é o impacto nas estruturas familiares tradicionais. O que acontece quando um número significativo de mulheres decide não se casar ou ter filhos? Teremos uma geração de crianças sem pais ou, em muitos casos, sem qualquer laço familiar significativo? Isso já é visível em algumas partes do mundo, onde há um aumento no número de crianças criadas por mães solteiras ou sem a presença de figuras paternas.

Além disso, o enfraquecimento das redes familiares pode levar a consequências emocionais e sociais a longo prazo. Um menino que não conhece a avó, um jovem que nunca teve um pai presente – essas lacunas afetaram não apenas as pessoas diretamente envolvidas, mas também o tecido social como um todo. A questão não é se as mulheres podem ou não viver sem os homens, mas sim se a sociedade pode prosperar em um modelo onde os laços familiares são sistematicamente desfeitos.

5. O que o futuro nos reserva?

Então, o que podemos esperar do futuro dos relacionamentos? A resposta, como sempre, não é simples. Por um lado, a tecnologia continuará oferecendo soluções para necessidades físicas e emocionais – seja por meio de brinquedos sexuais mais sofisticados, seja através da ascensão de inteligências artificiais e robôs específicos para preencher lacunas de intimidação. Por outro lado, a biologia humana continuará sendo um fator determinante. A "coceira" não vai desaparecer, e, eventualmente, as pessoas – incluindo muitos adeptos do 4B – voltarão a buscar conexão humana.

Além disso, os movimentos radicais, como o 4B, podem ter um impacto cultural importante, mas certamente serão sustentáveis a longo prazo. Como todo movimento social, ele deve evoluir ou se fragmentar, especialmente quando enfrenta as complexidades da natureza humana e as necessidades básicas de afeto e conexão.

No fim das contas, o separatismo de gênero pode até moldar as gerações futuras, mas dificilmente substituirá as relações entre homens e mulheres. A biologia e o desejo, mesmo reprimidos, sempre encontrarão um caminho. Afinal, como já diz o ditado popular, "ninguém é uma ilha".

06

Será que Movimentos como o 4B e o MGTOW estão Sinalizando o Fim das Relações Heterossexuais Como as conhecemos?

Os movimentos 4B e MGTOW têm algo em comum: ambos representam uma forma de separatismo de gênero. De um lado, o 4B rejeita os homens como parceiros românticos, pais ou mesmo companheiros sexuais, promovendo uma visão de independência total das mulheres na relação com eles. Do outro, o MGTOW ("Men Going Their Own Way" ou "Homens Seguindo Seu Próprio Caminho") prega que os homens devem se dissociar completamente das mulheres, tanto emocional quanto legalmente, como uma forma de autopreservação.

Seja pela exclusão explícita ou pela fuga voluntária, esses dois movimentos geraram debates acalorados sobre o futuro das relações heterossexuais. Afinal, será que vamos apresentar o começo do fim dos relacionamentos como os encontros? Ou esses movimentos, apesar de barulhentos, representam apenas uma minoria que, em última análise, não reflete a realidade da maioria?

1. O que é o MGTOW?

O MGTOW, como movimento, baseia-se na ideia de que as mulheres são uma ameaça à estabilidade emocional, financeira e até legal dos homens. Para os MGTOW, as mulheres são vistas como manipuladoras ou aproveitadoras, e o casamento ou até mesmo o namoro são armadilhas que podem arruinar a vida de um homem. Assim, eles defendem um separatismo masculino onde os homens se concentram em si mesmos, cultivando sua própria liberdade e independência.

A diferença central entre os MGTOW e os movimentos femininos radicais, como o 4B, está na motivação. Enquanto o 4B nasceu como uma resposta às opressões patriarcais, o MGTOW surgiu como uma ocorrência às mudanças legais e culturais que, segundo eles, "desfavorecem" os homens, como o aumento dos direitos das mulheres em modelos, pensões alimentares e casos de assédio. Para os MGTOW, a solução é clara: sair completamente do jogo antes de ser prejudicado.

2. Por que o 4B e o MGTOW não se conflitam?

Embora à primeira vista possa parecer que o 4B e o MGTOW estejam em guerra uns contra os outros, a verdade é que esses movimentos não se cruzam tanto quanto se imaginam. Afinal, o que acontece quando dois grupos opostos decidem se ignorar mutuamente? Simples: eles coexistem em paralelos, cada um criando suas próprias bolhas de separatismo.

A lógica é simples: para os adeptos do 4B, os homens já são dispensáveis. Para os MGTOW, as mulheres já eram indesejáveis antes mesmo do surgimento do 4B. Ou seja, os dois movimentos não competem entre si porque, na prática, eles já haviam "desistido" uns dos outros antes mesmo de começarem.

Essa desconexão entre os dois movimentos é o que os torna, paradoxalmente, complementares. Enquanto as mulheres do 4B dizem "não precisamos de homens", os MGTOW responderam "ótimo, porque não queremos mulheres". Em outras palavras, eles formam uma espécie de círculo fechado onde as rejeições mútuas simplesmente se anulam.

3. O separatismo é sustentável?

Embora movimentos como o 4B e o MGTOW atraiam muita atenção, é importante perguntar: eles realmente representam uma ameaça às relações heterossexuais em geral? Ou são apenas consequências radicais que afetam uma pequena minoria?

A resposta mais provável é a segunda. O separatismo de

gênero é, em essência, uma posição extrema que não reflete o comportamento da maioria. Mesmo nos contextos onde esses movimentos ganham força, como a Coreia do Sul (com o 4B) ou os Estados Unidos (com o MGTOW), a esmagadora maioria das pessoas continua desejando relacionamentos românticos e familiares. O desejo por conexão, intimidade e parceria é profundamente humano, e não desaparece simplesmente porque alguns grupos optam por rejeitá-lo.

No entanto, a ascensão de movimentos separatistas sinaliza algo importante: há um descontentamento crescente com as dinâmicas atuais dos relacionamentos heterossexuais. As mulheres do 4B não rejeitam os homens apenas por rebeldia; elas reagindo a uma sociedade patriarcal que as oprime. Da mesma forma, os MGTOW não abandonaram as mulheres por diversão; eles reagindo às mudanças sociais que percebem como ameaçadoras.

4. O impacto desses movimentos na sociedade

Embora os movimentos sejam radicais, eles levantam questões sobre as relações entre os gêneros. Tanto o 4B quanto o MGTOW são, em última análise, sintomas de uma sociedade polarizada, onde a falta de diálogo e compreensão mútua está criando abismos cada vez maiores.

Um dos maiores problemas do separatismo é que ele não resolve os problemas que pretende combater. O 4B rejeita os homens, mas não oferece uma solução para os desafios estruturais que as mulheres enfrentam, como a desigualdade de gênero e a violência patriarcal. Da mesma forma, o MGTOW evita as mulheres, mas não responde às pressões que os homens sentem, como a busca por validação e propósito em uma sociedade cada vez mais individualista.

Além disso, o impacto do separatismo de gênero pode ser visto na esfera social e econômica. Uma sociedade onde homens e mulheres vivem em bolhas isoladas corre o risco de perder a coesão social, agravando problemas como a baixa natalidade, o isolamento e até mesmo a insustentabilidade econômica.

5. Estamos realmente vendo o fim das relações heterossexuais?

Apesar do barulho feito pelos movimentos radicais, o fim das relações heterossexuais como as conversas parece improvável. O que estamos testemunhando é uma transição. As pessoas estão questionando os papéis tradicionais de gênero, os modelos de relacionamento e as expectativas culturais. Nesse processo, algumas reações extremas, como o 4B e o MGTOW, ganham força – mas isso não significa que elas sejam permanentes.

No longo prazo, a tendência é que esses movimentos evoluam ou desapareçam à medida que novas dinâmicas sociais se consolidem. Afinal, o separatismo total não é sustentável em uma sociedade interconectada. O desafio real não é evitar uns aos outros, mas sim encontrar novas formas de coexistir e construir relações que respeitem as diferenças e promovam a igualdade.

07

O que a Psicologia Diz?

Os movimentos 4B e MGTOW levantam questões importantes sobre como os indivíduos lidam com relacionamentos, autonomia e exclusão de normas sociais. No entanto, quando analisados sob a lente da psicologia, esses movimentos também revelam suas limitações e os custos emocionais que podem surgir de escolhas extremas. A busca pela independência total ou separatista pode parecer libertadora à vista, mas frequentemente colide com as necessidades psicológicas básicas dos seres humanos primeiros. O impacto emocional de tais escolhas é profundo e afeta não apenas os adeptos desses movimentos, mas também o tecido social como um todo.

1. O impacto emocional do separatismo

O separatismo de gênero, como o proposto por movimentos como o 4B e o MGTOW, pode parecer uma solução para pessoas frustradas com relacionamentos ou sistemas sociais opressivos. No entanto, ele não resolve os problemas centrais que tentam combater – e pode criar novos.

A psicologia humana nos mostra que as conexões sociais são fundamentais para o bem-estar. Quando indivíduos rejeitam relacionamentos ou isolam-se em bolhas ideológicas, as consequências emocionais podem ser graves. O isolamento prolongado está associado a transtornos como depressão, ansiedade e até um aumento no risco de doenças físicas.

Além disso, movimentos separatistas frequentemente levam a um círculo vicioso de frustração: a falta de relações significativas pode gerar ressentimento, que reforça a exclusão do outro gênero, perpetuando o isolamento emocional.

Efeito na prática:

Os adeptos do 4B podem enfrentar o silêncio e o vazio emocional, especialmente na velha, quando redes de apoio e laços familiares são mais escassos.

Para os MGTOW, a "liberdade" que se obtém ao evitar mulheres pode rapidamente se transformar em uma existência solitária, onde hobbies e conquistas materiais substituem, mas não preenchem, a necessidade de conexão humana.

2. O paradoxo da liberdade: o preço de "não preciso de ninguém"

No livro The Paradox of Choice, Barry Schwartz argumenta que, nas sociedades modernas, quanto mais liberdades e opções temos, maior é a ansiedade associada à escolha. Isso se aplica perfeitamente a movimentos que exaltam a independência extrema.

Movimentos como o 4B e o MGTOW pregam a ideia de "não precisar de ninguém", mas essa liberdade absoluta pode criar um vazio emocional. Os humanos, por natureza, buscam pertencimento, intimidação e reciprocidade – fatores que hobbies, vibradores ou conquistas materiais suplentes são substituídos completamente.

Esse paradoxo pode ser observado em adeptos de ambos os movimentos:

Mulheres do 4B: A busca pela independência total pode ser libertadora no curto prazo, mas, a longo prazo, pode levar a um vazio existencial, quando vibradores e amizades não fornecem preenchimento da ausência de um vínculo mais profundo.

Homens do MGTOW: A confusão das mulheres e a priorização de hobbies ou carreiras podem levar a uma satisfação inicial, mas, eventualmente, a ausência de conexões emocionais significativas tende a se manifestar em forma de solidão ou sensação de inutilidade.

Reflexão psicológica:

A liberdade, sem propósito ou conexão, pode se tornar uma prisão emocional. A ideia de "não precisar de ninguém" não elimina a necessidade inata de afeto e reconhecimento.

3. O papel da "energia sexual" e do desejo

A sexualidade humana é uma das forças mais poderosas que moldam nosso comportamento, e movimentos separatistas frequentemente ignoram ou subestimam essa realidade. Para Freud, a libido (energia sexual) não era apenas um impulso biológico, mas uma força vital que direcionava os humanos para conexões, realizações e até criatividade. Quando essa energia é reprimida ou negligenciada, ela pode se manifestar de formas negativas.

Impactos da repressão da energia sexual:

Irritabilidade e frustração: A repressão constante da libido pode causar mudanças emocionais, como excitação e ansiedade.

Depressão e ansiedade: A falta de um canal saudável para essa energia pode resultar em sintomas psicológicos graves, como apatia e crises de ansiedade.

Soluções alternativas: É por isso que vemos o aumento da popularidade de vibradores, brinquedos sexuais e até o interesse crescente em pornografia interativa ou parceiros virtuais.

No entanto, essas alternativas têm as suas limitações. A experiência sexual não é apenas física, mas também emocional. O "calor humano" e a intimidação obviamente não podem ser replicados por máquinas ou aplicativos. Assim, a repressão da energia sexual em movimentos como o 4B e o MGTOW não apenas ignora a biologia humana, mas também subestima o papel emocional do sexo e da intimidade.

Previsão psicológica:

Movimentos que promovem o afastamento de relações emocionais, sexuais ou românticas podem trazer consequências psicológicas profundas, especialmente quando envolvem a repressão da libido ou o isolamento social por longos períodos. A psicologia aponta que a energia sexual não é apenas um impulso biológico, mas uma força vital que direciona os seres humanos para conexões, resultados e propósitos. Quando essa energia é reprimida ou negligenciada, os efeitos podem ser devastadores. Sentimentos como irritabilidade, frustração e até um vazio emocional tornam-se comuns, abrindo caminho para transtornos mais graves, como ansiedade e depressão.

Além disso, o isolamento prolongado protege uma das necessidades humanas mais básicas: o senso de pertencimento. Relacionamentos – sejam eles românticos, familiares ou comunitários – são fundamentais para o bem-estar emocional. Quando essas conexões são abandonadas ou supervisionadas, o indivíduo não apenas perde o apoio emocional, mas também se distancia de experiências que validam sua identidade e dão sentido à vida. No curto prazo, isso pode parecer uma forma de proteção ou liberdade, mas, ao longo do tempo, o preço psicológico se torna evidente.

Essa busca por independência absoluta também traz o paradoxo da liberdade: quanto mais livre alguém tenta ser, mais ansioso ou insatisfeito pode se tornar. A falta de vínculo significativo pode gerar uma sensação de isolamento e vazio que hobbies, conquistas individuais ou até tecnologias não preenchem completamente. A conexão humana é insubstituível, e a ausência dela tende a criar uma sociedade emocionalmente mais frágil, onde a solidão se torna uma epidemia silenciosa.

Olhando para o futuro, é possível prever um aumento nas taxas de ansiedade, depressão e outros transtornos relacionados ao isolamento social. À medida que os indivíduos se distanciam de laços genuínos, seja por opção ou por reflexo de novas dinâmicas sociais, as consequências tendem a se manifestar em uma geração mais desconectada e emocionalmente vulnerável. E, como toda mudança social, isso não impacta apenas os indivíduos diretamente envolvidos, mas reverbera em todo o tecido social, enfraquecendo comunidades, redes de apoio e até os modelos familiares que sustentam a sociedade.

A natureza humana não é feita para o isolamento, e o afastamento sistemático de conexões profundas pode trazer mais danos do que benefícios. No fim, o desafio não está em se desconectar, mas em encontrar novas formas de se relacionar, equilibrando autonomia e vínculo. Reprimir o desejo ou evitar a intimidação pode parecer uma solução no curto prazo, mas, como mostra os estudos psicológicos, é apenas uma fuga temporária que tende a trazer à tona um vazio emocional ainda maior no futuro.

CONCLUSÃO: O FUTURO QUE ESTAMOS CONSTRUINDO

Aqui abordamos o nascimento e o desenvolvimento de um dos movimentos mais polêmicos e significativamente do nosso tempo: o 4B. Não se trata apenas de um grupo de mulheres rejeitando homens; é um sintoma de algo muito maior. O 4B reflete o mal-estar de uma sociedade que se fragmenta cada vez mais, onde homens e mulheres já não sabem como coexistir de forma harmoniosa. Em paralelo, o surgimento de respostas masculinas, como o MGTOW e os "Passport Boys", apenas reforça essa separação. Estamos caminhando para um mundo onde o diálogo entre os gêneros parece estar sendo substituído por muros – ideológicos, emocionais e, às vezes, até físicos.

Como discutido nos capítulos anteriores, não há uma "queda do Estado" ou um colapso arrependido das estruturas sociais. A história nos mostra que mudanças recentes acontecem de forma abrupta; elas se acumulam, camadas sobre camadas, até que as sociedades são transformadas de maneira quase imperceptível. No entanto, é claro que a sociedade como a conhecemos seja reestruturada de alguma forma. A pergunta não é se isso vai acontecer, mas como e com quais consequências.

O que é evidente é que estamos nos afastando de uma sociedade baseada em união e coletividade para uma onde a independência individual reina suprema. Este é, ao mesmo tempo, um triunfo e uma tragédia. Por um lado, a liberdade individual nunca foi tão valorizada; por outro lado, essa liberdade parece vir à custa de algo essencial: a conexão humana. Caminhamos para uma sociedade cada vez mais fria, isolada e ausente de laços genuínos. E isso levanta uma questão inquietante: o que vem a seguir?

O FUTURO: O QUE ESTÁ POR VIR?

Movimentos como o 4B e o MGTOW são sintomas de uma transição cultural e social mais ampla, mas também são sentimentos que podem gerar novos movimentos e dinâmicas no futuro. Podemos nos perguntar: quais movimentos surgirão daqui a 30 anos? Será que veremos:

Um renascimento dos valores tradicionais? Em resposta ao individualismo extremo, é possível que surjam movimentos que tentem resgatar a importância de famílias, casamentos e laços comunitários. Isso não seria sem conflitos, mas poderia ser uma tentativa de retomada ou que foi perdido.

Um avanço para um mundo sem gêneros? Com o colapso dos papéis tradicionais de gênero, pensamos estar caminhando para uma sociedade onde as categorias "homem" e "mulher" perdem relevância. Isso poderia abrir novas possibilidades, mas também gerar mais polarizações e crises identitárias.

A ascensão da tecnologia como substituição das relações humanas? Se a distância entre homens e mulheres continuar aumentando, será que veremos o avanço de robôs, parceiros virtuais e inteligências artificiais como substitutos definitivos dos relacionamentos?

Essas são questões para o futuro, e muitas respostas ainda estão fora do nosso alcance. No entanto, a história nos ensina que, sempre que as sociedades enfrentam períodos de transição e instabilidade, novos movimentos inevitavelmente emergem – às vezes como solução, às vezes como resistência.

A ERA DA SOLIDÃO?

Ao longo deste livro, vimos como os movimentos separatistas, apesar de suas motivações legítimas, frequentemente criam novos problemas em vez de resolvê-los. A 4B busca liberar ao rejeitar os homens, mas, no processo, corre o risco de criar uma geração de mulheres mais isoladas. O MGTOW prega a autopreservação, mas frequentemente deixa seus adeptos presos em um ciclo de solidão e ressentimento. O que ambos os movimentos aliados, no entanto, são excluídos à ideia de compromisso e conexão.

Se continuarmos nesse caminho, podemos caminhar para o que os sociólogos já chamam de "era da solidão". Um mundo onde a independência individual é celebrada acima de tudo, mas à custa de redes de apoio, comunidades e até famílias. Estamos nos tornando ilhas em um oceano de interconectividade, mais próximo tecnologicamente, mas emocionalmente mais distantes do que nunca.

AINDA NÃO É O FIM, MAS UM RECOMEÇO

Há muitas coisas que ainda precisam ser ditas, mas talvez este não seja o momento. Movimentos como o 4B e o MGTOW não são respostas definitivas – são capítulos em uma narrativa maior, que ainda está sendo escrita. Eles nos mostram as falhas e insatisfações de nossa sociedade, mas também nos desafiam a pensar sobre o que queremos construir.

A verdadeira questão é: estamos aprendendo algo com esses movimentos? Ou estamos apenas perpetuando a mesma polarização e os mesmos ciclos de frustração? Se há algo que podemos tirar desta análise é que o futuro das relações humanas dependerá da nossa capacidade de encontrar um equilíbrio. Entre liberdade e compromisso. Entre autonomia e conexão. Entre o "eu" e o "nós".

O que vem a seguir não está gravado em pedra, mas sim moldado pelas escolhas que fazemos hoje. Se este livro serviu para algo, espero que tenha sido para abrir os olhos para as contradições e as possibilidades de um mundo em transição. Porque, no final das contas, o futuro não está apenas em nossas mãos – ele está em nossos corações, em nossa capacidade de nos conectar, e em nossa vontade de construir pontes em vez de muros.

BOOKS BY THIS AUTHOR

O Que Não Te Falaram Sobre Manipulação:

"O Que Não Te Falaram Sobre Manipulação" é uma jornada revelada sobre a verdadeira natureza da manipulação e como ela molda nossas interações diárias. Muito além do conceito negativo que costumamos associar a essa palavra, este livro apresenta uma visão ampla e prática sobre como a manipulação pode ser usada de forma consciente e ética para melhorar relacionamentos, influenciar de forma positiva e alcançar objetivos.
Explorando conceitos como manipulação emocional, racional e inconsciente, e diferenciando-a da persuasão, o autor nos guia por histórias e reflexões que mostram como essa habilidade pode ser aplicada no trabalho, nas relações pessoais e até no contexto social e político. Com uma abordagem direta e instigante, o livro desmistifica a manipulação e oferece ferramentas práticas para que você possa identificar e usar a influência de maneira equilibrada e ética.
Se você está em busca de uma nova perspectiva sobre manipulação e quer aprender a usá-la com responsabilidade e transparência, este livro é para você. Prepare-se para descobrir o que você nunca contaram sobre essa habilidade poderosa.

O Paradoxo Divino: Explorando O Paradoxo Da Fé

Em "O Deus Guloso", exploramos uma perspectiva crítica e provocativa sobre a natureza de Deus, especialmente a partir das tradições monoteístas. Este livro questiona o papel do sofrimento e do sacrifício na entusiasmo divino, colocando em xeque a moralidade das ações atribuídas a Deus de Abraão.

Com uma abordagem que vai da análise das escrituras aos exemplos históricos e contemporâneos, o livro examina as contradições entre os discursos religiosos e as práticas violentas que, ao longo dos séculos, foram justificadas em nome da fé. Ele desafia os leitores a refletirem sobre a cumplicidade religiosa na opressão, as incoerências da ideia de salvação e da responsabilidade moral dos seguidores de um Deus que exige dor e sofrimento de seus devotos.

Através de uma narrativa instigante e questionadora, "O Deus Guloso" não apenas apresenta uma visão crítica das religiões monoteístas, mas também convida o leitor a refletir sobre suas próprias crenças e a verdadeira natureza do divino. Este é um livro que provoca, desafia e, sobretudo, busca instigar o exercício da reflexão sobre o significado da fé e da moralidade humana.

Woke É De Direita ?

"Woke é de Direita?" desafia as ideias convencionais sobre um dos movimentos mais controversos da atualidade. Em vez de seguir a narrativa comum que associa o Woke exclusivamente à esquerda, este livro oferece uma nova perspectiva, explorando suas ligações inesperadas com o capitalismo e as práticas autoritárias.

Neste livro, o autor leva o leitor a uma jornada de descoberta e reflexão, questionando as definições simplistas de Woke que dominam o discurso público. Através de uma análise cuidadosa e bem fundamentada, ele revela como o movimento Woke pode ter suas raízes tanto na direita quanto na esquerda, alimentando-se das dinâmicas do poder e do capitalismo para se sustentar.

O livro aborda temas como a imposição de normas rígidas de comportamento e pensamento, a cultura do cancelamento, e o papel das corporações em cooptar a retórica Woke para seus próprios interesses. Com exemplos concretos e uma abordagem que combina filosofia, sociologia e crítica social, "Woke é de

Direita?" oferece uma visão instigante e pouco convencional do movimento Woke.

www.ingramcontent.com/pod-product-compliance
Lightning Source LLC
Chambersburg PA
CBHW051856250726
48659CB00006B/2251